子育てのツボ

夜回り先生50のアドバイス

水谷 修
Mizutani, Osamu

日本評論社

はじめに

私は教員としてたくさんのお父さんやお母さんと触れ合ってきました。親としてわが子の子育ても経験しました。また、「夜回り先生」として多くの夜の世界で暴れ回る子どもたちや悲しみにつぶされる子どもたち、死に向かう子どもたちの親御さんともかかわってきました。

なかでも、問題を起こした子どもたちのお父さんやお母さんにお会いすると、いつも痛感していたことがあります。それは「子育てが下手《へた》だなぁ」ということです。とくにまじめな親御さんたちは、ボタンの掛け違いのような些細《ささい》なことでわが子の心を深く傷つけてしまいます。その一つひとつを見ていて、反面教師として、親にとって本当に必要な子育ての知恵を学びました。優しいいい子に育てるために、親がわが子にしてあげるべきことの数々を知ったのです。

親は誰もわが子をかわいいと思っています。幸せになってほしいと願っています。でも、その想いが空回りして、子どもを追いこんでしまっているのです。

わが子が不登校になったとき、そのお母さんは「いいよ、今日は休んで。でも明日から学校に行こうね」といって、優しかった。次の日も学校に行かない子どもに、「今日は気分転換にドライブに行こう」と誘ってくれました。次の週も子どもは相変わらず学校に行けません。すると、試験の前日にお母さんがいったのです、「なんで、あなたは学校に行かないの。進級できないでしょう」と。

じつは、こんな残酷《ざんこく》な子育てはありません。「優しいお母さんを鬼のように変えたのは私だ」と考え、この子は自分を責めました。そして、本当に心を病《や》んでしまったのです。

こんなときに、お父さんが子育てに参加してくれて、家族みんなで待つゆとりと勇気があったら、子どもは案外簡単に元気になります。子どもたちを変えたいのなら、まず、親であるあなたが、そして、これから親になる人と、われわれ大人たちが問題に気づいて変わることです。

この本には、子育てのツボともいえる具体的なアドバイスを刻みました。

子育ては子どもの成長段階を追うごとに、いちばん効果のある方法が変わってきます。そこで本書では、子どもが幼いとき、小学生になったら、中学生になったら、高校生になったら、問題を起こしたときの五部構成としました。

でももし、あなたの子どもが今中学生で、小学生の項を読んで実行していないことがあったとしても、「うちはもう手遅れ」とあきらめないでください。気づいたら今から始めればいいのです。子育てに手遅れということはありません。

また、お父さんやお母さんにはたくさんのお願いをし、厳《きび》しいこともいっています。なぜなら、子育ては失敗することが許されない、命を育《はぐく》むという大人としての大切な仕事だと考えるからです。

ぜひ、あなたの子育てにこの本を役立ててください。そして、この本を通して多くの子どもたちの笑顔が生まれることを願っています。

二〇一〇年一〇月

水谷《みずたに》　修《おさむ》

目次

第二部 子どもが小学生になったら

第三部 子どもが中学生になったら

第四部 子どもが高校生になったら

第五部　子どもが問題を起こしたら

子育てのツボ

夜回り先生50のアドバイス

水谷　修

第一部

子どもが幼いとき

1 できるだけ多くのスキンシップを

ぬくもりを知る

ある有名な小児科医の先生が、私に話してくれました。

「子どもたちの一生の優しさや生きる力は、二歳までで決まります。二歳までにどれだけ多く、どれだけ長い時間、お父さんやお母さんに抱っこされたりおんぶされたりしていたか、あるいはおじいさんやおばあさんとスキンシップをしていたかが、その子どもの一生を決めます」

この小児科医の先生がいったことは、真実だと思います。

明治維新のころに、日本を訪れた外国人記者たちが、日本の子どもたちを見て驚いています。

「日本の子どもたちは世界でもっとも美しい。なぜなら、目が輝いているから。また、大人を信じているから。街角を歩けば、お母さんやおばあさんは大切な赤ちゃんを守るように抱きかかえたり背負ったりしている。私たち異国の者が近づいて赤ちゃんを見つめると、抱っこしてあげてくださいというように、赤ちゃんをわれわれに預けてくれる。街角は子どもたちの笑顔であふれ、お父さんやおじいさんたちが笑顔で見守っている。

日本はみんなが子どもを大事にしている国だ。大事にされているから子どもたちは目を輝かせ、美しいのだ」、こんな意味のことが書かれていました。

これは事実です。子ども時代に直接の肌の触れ合いを通して、親の愛やあたたかさを知った子は、心の安定した優しい子どもに育ちます。

お願いです。**幼い子を持つお父さんとお母さんは、今日から一日に何分でもいいですから、抱きしめてあげてほしい。添い寝をしてあげてほしい。子どもの目を見つめ、手を握り合ってほしい。**

親のぬくもりを知ることは、子どもの明日を生きる力になります。

2 たくさんの子どもたちと出会うチャンスを

友だち力を養う

お母さん方の間では、「公園デビュー」という言葉があります。

赤ちゃんや幼い子を抱っこしたり乳母車に乗せて公園に行き、親同士が子育ての悩みを相談したり、苦労話を打ち明ける。あるいは、わが子と他の子の成長を見比べることもあるかもしれません。

公園でのこの時間は、お母さんのためだけのものではありません。子どもたちにとっても非常に大切な時間です。

でも残念ながら、アパートやマンションの一室でベッドに寝かされていたり、テレビやビデオを見せられたりして、人と触れ合うことなく過ごしている子ど

もたちがたくさんいます。
じつは、たくさんの子どもたちと触れ合って育った子と、触れ合うことなく育った子では、生きる力がまったく違ってきます。
子どもたち同士が遊べば、必ずけんかやぶつかり合いが起こります。でも、慰《なぐさ》め合いやいたわり合いも生まれます。その中で、子どもたちは同世代の他者との触れ合い方を自然に学んでいきます。仲間という意識や思いやりの心が身についていきます。

これを子どもたちに経験させてほしいのです。この経験は友だちをつくる力になります。

今、友だちをつくる力がなく、引きこもりや不登校になる子どもたちがたくさんいます。その子どもたちの過去を追っていくと、ほとんどの子が、幼い時期に公園や児童館で同じ世代の子どもたちと遊んだ経験がありません。

お母さんが働いているのなら、夕方でも、あるいは休日だけでもいいです。**公園に行って、できるだけ多くの同じ世代の子どもたちと出会うチャンスをつくってあげてください。**

3 高齢者と交流を

安心感が芽生える

今、日本の多くの子どもたちが病《や》んでいく原因の一つに、核家族化の問題があるといわれています。ほとんどの家庭はおじいさんやおばあさんのいない、お父さんとお母さんと子どもたちだけの家族構成です。子どもが大人と触れ合う機会が減ってしまいました。

もし、おじいさんやおばあさんが家にいれば、お母さんが忙しいときでも、子どもたちのそばにきてたくさんのスキンシップを与えてくれます。

また、お父さんから怒られたときは、「おじいちゃん助けて」といって逃げこめる、拠《よ》りどころでもありました。この最後の逃げ場を失ったことは、子どもたちにとって大きなダメージだといわれています。

でも今、日本は超高齢社会です。地域にはたくさんのお年寄りがいます。ぜひ、このお年寄りたちと交流してほしいのです。人生の大先輩であり、とくに子育てに関しては最良の先輩ですから、「うちの子、どうですか」と聞いてみたり、子育てで悩んでいることがあったら相談してみてください。反対にお年寄りから「かわいい子だね」と声をかけられたら、抱っこしてもらうのもいいでしょう。大人たちから大切にされると、子どもの中に「自分は大切な存在なんだ」という自己肯定感が芽生《めば》えます。

じつは、子どもにとってお年寄りは最高の存在です。

人は生まれてから成長し、社会で活躍をして、それから老いていきます。老いていくことは子どもに戻ることだとよくいわれます。お年寄りの時間の流れや行動のペースはゆっくりですから、幼い子どもとてもよく似ています。

ゆっくりものを考え、ゆっくり行動するというお年寄りのペースは、幼い子どもにとっては憩《いこ》いであり、安らぎになります。そういう時間をできるだけ多く、子どもたちにつくってあげてください。

4 自分たちの両親の力を借りる

優しさが根づく

子育ては親だけでかかえ込まず、両親の力を借りてください。

私の講演会には、おじいさんやおばあさん世代の方々がたくさんみえます。その場で必ずお願いしていることがあります。

「遠く離れて暮らしているお孫さんのいる方は、定期的に電話をしてあげてくれませんか。子どもが生まれてすぐから小学校三年生くらいまで、毎日お願いします」と。ところが、ほとんどの高齢者の方はこういいます。

「生まれてすぐの赤ちゃんに電話したって、なにもわからないでしょう」

いいんです。息子さんや娘さんに頼んで、赤ちゃんの耳元に優しく受話器を当ててもらって、おじいさんやおばあさんはこういうのです。

「○○のおじいちゃんだよ、元気かい？」「おばあちゃんだよ、○○ちゃんのことが大好きだよ」「いい子になあれ、優しい子になあれ」と。

たとえ、電話を通してでも、赤ちゃんはおじいさんやおばあさんの優しい声を日々聞き続ける。それが幼い子どもの心に、一生を通して必要な優しさや生きる力を根づかせてくれます。

5 日々美しい風景に接する

心を豊かにする

私は毎日早朝に三〇分ほど散歩をしています。

夜回りやメール相談を受ける中で、子どもたちの「死にたい、死にたい」という悲鳴や哀しいつらさに日々触れ合っている私が、なぜ早朝の散歩をするのか。それは、自分の心がくじけそうになる、つぶれそうになる、あるいは怒りで爆発しそうになるのを、美しいものに触れることでやわらげようとしているからです。くさむらの中に名もない小さな花を見つけたり、都会の真ん中で小鳥の声に耳をすませたりすることは、その日一日の心を優しくしてくれます。

ぜひ、幼い時期にできるだけたくさんの美しい風景に触れさせてあげてください。美しいものと触れ合うことは、幼い子どもの目を、そして、心を豊かにしてくれます。この経験を通して、子どもたちは生きる強さや優しい心を身につけていきます。

子どもの手をぎゅっと握りしめながら花や鳥の名前を教えたり、肌で感じたことを言葉にしたりするだけでいいのです。

そして、子どもたちが少し大きくなったら、お父さんやお母さんは毎日二〇分早く起きてくれませんか。家族みんなで外に出て、五分でもいいですから、美しいもの探しをしてほしいのです。

「今日の空は青いね」「あの雲はクリームパンみたいだね」「美しい声で鳴いているのはなんという鳥だろう」「この花の名前はなんだろうね」などと会話をしながら、一日のスタートを始めてみてください。

哀しいことに日本の社会はいらいらしています。お父さんやお母さんはいつも時間に追われ、会社では仕事に追いまわされます。でも、これはあなた方大人だけではありません。子どもだってそうなんです。幼稚園や保育園などで子

どもなりに心を傷《いた》め、一生懸命に頭と体を使って必死で動いていますから、疲れはてています。

ゆとりが消えた時代だからこそ、美しいものを見たり、美しい声を聞いたりすることが大事なのです。ゆとりは子どもたちの人生を豊かにしていきます。

6 優しい音楽や美しい映像に触れる

心の安定感を育てる

幼い時期に、ハードなロックやアップテンポの曲を聴かせることは、子どもたちの感情を不安定にします。

もしも可能なら、子どもたちにはちょっと気の毒ですが、モーツァルト、ハードロック、あるいは演歌など、いろいろな曲を聴かせてみてください。たぶんハードロックを聴いたら子どもは不安になって泣きます。モーツァルトを聴くと安心してすやすやと眠るかもしれません。

これは映像も同じです。幼い子どもの前で無神経に、血しぶきが飛んだり流血シーンのあるような映像や、人が簡単に殺されるような番組を見ていませんか。その映像や音が、語ることのできない子どもの心に、将来どんな形で影響を与えるか。それをぜひ考えてほしいのです。

表現の自由や見る自由がある以上、これを禁ずることはできません。でも、せめて派手な音楽を聴いたり、派手な映像を見るのは、子どものいないときにしてください。子どもといっしょのときは、子どもの心を穏《おだ》やかにする、優しくするような音楽を聴かせたり、映像を見せてあげる配慮がほしいのです。

これは子どもたちの将来の心の安定のために、とても大事なことです。

モーツァルトに限らず、**美しい音楽を探してみましょう。また、感動するような美しい映像を見るようにしましょう。**これはお父さんやお母さんの心も穏やかにします。

7 自然の中で遊ばせる

生きる強さを培う

講演の合間に時間があると、会場近くの公園に行きます。ベンチに座って大好きな子どもたちの姿や、親と子どもの遊ぶ様子をぼーっと見ています。先日ある情景を目にしました。

幼い子がしゃがんで土に触《さわ》ろうとしたら、お母さんが「汚《きたな》いでしょ、やめなさい」といいました。次によちよち歩いてくさむらの中に入っていったら、「汚れるでしょ、洋服が」と注意しました。これはとても困ったことです。

じつは、高校の教員時代に潔癖症の生徒たちと数多くかかわったことがあります。この子どもたちは、机やテーブルの上をアルコールで消毒しないと触れませんし、人と握手をすることもできません。

潔癖症の子どもたちに共通しているのは、幼いころに自然の中で遊んだ経験が非常に乏《とぼ》しいということです。泥んこになって土と触れ合ったり、海で波に追いかけられたり、あるいは、川の中でざぶざぶと魚を追いかけたりして遊んだことがほとんどありません。

しかし、潔癖症だからといって、これから先の長い人生を、無菌状態や雑菌のないきれいな中だけで過ごすことはできません。生きて行くうえでは、土に触れなくてはならないときや、海や川に入らなくてはいけないときがきます。それをお父さんやお母さんに考えてほしいのです。

たしかに、子育ての中で洋服を汚されたら迷惑でしょうし、体が濡《ぬ》れていたら帰りの車の中が汚れると考えるのかもしれない。でも、そういう自然との触れ合いによって、子どもたちは生きる力を身につけていきます。

子どもが泥んこで帰ってきたら「よく遊んだんだね」、濡れて帰ってきたら「水遊びをしたのかい？」といえるゆとりを持ってください。

もう一つ、確信したことがあります。

休みの日に山や川などで遊ぶアウトドア派の親と、遊園地のゲームコーナーやショッピングセンターなどで遊ぶインドア派の親をずっと見てきて、気づきました。不登校や引きこもり、心の病《やまい》、いじめの対象になったり、非行や罪を犯《おか》す子どもは、アウトドア派の親の子どもたちには少ないのです。

アウトドア派の子どもたちは、体や頭を使って自然の中で生きる強さを身につけています。さらに、幼いころから弱い細菌などに触れていますから、免疫力があります。これは人との出会いにもいえることです。小さな悪と出会い、それと闘い、それに負けない心の抵抗力が培《つちか》われています。心が鍛《きた》えられているのです。ですから、子どもたちを蝕《むしば》む病やいじめなどをクリアできるのでしょう。

できるだけたくさん、土や海や川などの自然にじかに触れさせてあげてください。

8 動物と触れ合う機会を

いたわりの心が生まれる

猫や犬などの小動物を飼っている家庭は多いのですが、反対に、子どもが動物に触れることを嫌う親たちも増えています。子どもが動物に触ろうとして手をのばすと、「やめなさい、汚いから」とか、「噛《か》みつかれたら、痛いでしょう」などといってとめます。

でも、小さな動物との触れ合いは、とくに兄弟や姉妹のいない幼い一人っ子にとっては、自分より弱い存在を知る最初の経験です。また、自分が支配できる存在であることも知ります。自分より年下の子どもとの関係や命の尊《とうと》さを知るという点からも、子どもたちにとって、いちばんいい学びの場になります。

自宅で飼っていなくてもいいんです。できれば檻《おり》のないところで、小さい動

物と触れ合うチャンスをたくさんつくってあげてください。

直接触れ合うことによって、弱いものをいたわる心が自然に身についていきます。

9 絵本や童話の読み聞かせを

想像力を育む

お母さんは家事や仕事が忙しいとき、子どもがお気に入りのビデオやテレビ番組を一人で見せていませんか。

でも、こんな危険なことはありません。見ている子どもは、一方的に伝わってくる言葉や映像を受け入れているだけです。テレビやビデオは完璧な道具です。すべてが完成していますから、そこには子どもが考えることは必要ありません。じつは、これが子どもたちから想像力を奪《うば》っていきます。

お母さんやお父さん方にお願いです。ぜひ、子どもに絵本や童話の読み聞かせをしてほしいのです。

一日三〇分でいいので、わが子を膝《ひざ》の上に乗せて、一ページずつゆっくりと

はじめましてー!

声を出して本を読んであげてください。

大好きなお母さんやお父さんが読んでくれる物語を聞きながら、美しい挿絵《さしえ》を見ながら、子どもたちは絵本や童話の世界に入っていきます。

絵本や童話は中途半端な道具です。紙面上にあるのは文字と挿絵だけですから、子どもが自ら想像力を働かせて命を吹き込まなければなりません。

絵本や童話は、どれにも作者の深い愛情や想いがこめられています。子どもたちの倫理観や優しさを育《はぐく》もうとつくられています。ぜひ書店に行って、絵本や童話を見てください。

読み聞かせは、子どもたちの豊かな心と想像力を育むための貴重な時間です。

10 子どものテンポに合わせる

「子ども時間」で楽しく

鎌倉を散策していたら、哀しい場面に出会いました。

お父さんとお母さんが、六歳ぐらいと三歳ぐらいの子どもたちを連れていました。でも、お母さんが、

「なにのろのろ歩いているの。ほら次は長谷寺に行くんでしょう。そのあとは、大仏様を見なきゃいけないんだから、もっと急ぎなさい」といって、怒っているのです。

子どもたちは必死でお父さんとお母さんのあとを追いかけていて、下の子は手を引っ張られていて痛そうです。これはだめです。

子どもには子どもの時間があります。かつて、ある先輩教員にいわれました。

「水谷先生、いい教員になりたかったら、子どもの時間を理解しなさい。四〇人のクラスを教えたら、その中には四〇の時間の流れがある。ある子の時計はものすごくゆっくり、理解するのもゆっくり、しゃべるのもゆっくり、歩くのもゆっくり。一方で、ある子は早く理解し、行動力も機敏で早く動けるかもしれない。

でも、どの子も大事な生徒なんだ。最初はゆっくりの子どもたちにテンポを合わせて授業をしながら、一年間の最後の授業までに、クラスの子どもたち全員が共通して理解できるように育てるんだ」

これを、お父さんやお母さんにも、わかってほしい。

子どもの時間や行動のテンポは、親といっしょではありません。大人は早く理解できますし、手足が長いぶんだけ早く行動できます。でも、子どもは体が小さくて、何事も思ったようには早くできません。

家族で出かけたときは、「子ども時間」の中で一日を過ごしてみてください。子どもに前を歩かせて、親はそのテンポに合わせてゆっくり歩くのです。マイペースで歩けると、子どもは楽しいと思ってくれます。

これができないと、子どもはただ急がされ、引きずりまわされているという感覚になり、楽しくありません。たとえば、せっかく家族で鎌倉の大仏様を見たのに、「つらかった」「いやだった」という思い出が残るだけです。

親であれば、「子ども時間」に合わせるゆとりを持ってください。

11 子どもが主役の日をつくる

フラストレーションを緩和する

家庭のサイクルは子どもが中心ではありません。お父さんやお母さんのどちらかが働いていますし、最近は共働きの家庭も多いので、朝起きてから夜眠るまで、日々が大人たちのサイクルの中で繰り返されていきます。

ですから、親は子どもに対してつい自己中心的に考えてしまい、自分の価値観を子どもに押しつけます。たとえば、自分が子どものときに親からしてほしかったことをしてあげるのが、子どもにとっての幸せだと考えます。

じつは、今、日本の多くの親たちが指示型の子育てをしてしまっています。その結果、親から「こうしなさい」と指示されないと行動できないという、指示待ち型の子どもがとても多いのです。将来、子ども自身で考えられる力を備《そな》

え、創造的に生きる力を奪わないためにも、親は子どものそばにいて、あえてなにもしない時間をつくってほしいのです。

子どもを軸にして、子どもが一日中自由にできる日をつくってください。二週間に一日でいいですから、「今日は、君が主役なんだよ」といってあげる。そして、その日は子どもが十分満足するまでとことんつき合う。親はつねに子どものそばにいて、子どもが望むことを尊重するのです。子どもが「パパ」といってきたら抱きしめる。「遊ぼう」といっておもちゃを持ってきたらそれで遊ぶ。外に行きたがったら、いっしょに行って、帰りたがるまでそのまま外にいる。それだけでいいんです。これが子どもの心の安定につながります。

ふだん、幼稚園や保育園、託児所などに預けられている子どもたちは、その施設の決まりの中で、スケジュールなどに合わせて一日を過ごしています。これは子どもにとって大きなストレスです。朝起きてから夜眠るまで、子どもが自分の思うようにできる日は、そのフラストレーションを緩和してくれます。

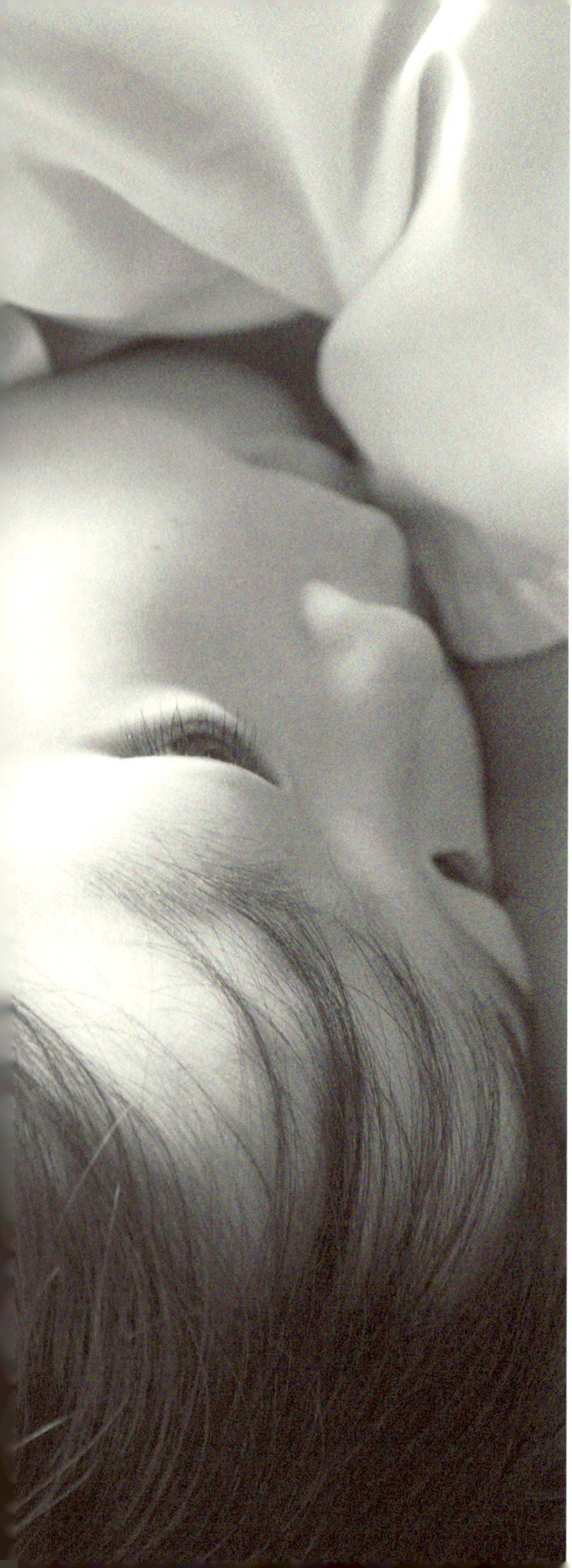

12 子どもの前で、夫婦げんかをしない

人を信じる力をつける

お父さんとお母さんにうかがいます。

「自分の子どもの前で夫婦げんかをしたり、あるいは悪口のいい合いをしたことがありますか」

たぶん、多くの人があると答えるでしょう。哀しいことです。

私は長年、数多くの不登校や引きこもりになった子どもたち、あるいはいじめにあっている子どもたちの相談に乗っています。彼らに共通していえることがあります。それは、幼いころから毎日のようにお父さんとお母さんのけんかを見ていた、また、悪口のいい合いを聞いていたということです。

幼い子どもにとって、親は人生で最初に出会う大人です。子どもたちは、その大人たちから生きる喜びや生き方、社会性や道徳といったさまざまなものを学んでいきます。そして、お父さんやお母さんは、この世でもっとも大切な、もっとも愛する存在です。その二人が目の前で夫婦げんかをしたり、罵《ば》詈《り》雑《ぞう》言《ごん》を浴びせ合うことは、幼な心にどれだけ深い傷を残すことになるでしょうか。

これを経験した子どもたちは大人が怖くなって、いつもびくびくしています。

少し成長して小学校に入ると、まわりの子どもたちには「弱い子」と映りますから、いじめにあいます。そして、ちょっとしたことですぐに心を閉ざしてしまい、自分の殻《から》の中に閉じこもります。その結果、「こんなことで……」という小さな出来事が引き金になって、不登校になってしまったり、引きこもりになってしまうのです。

お父さんとお母さんに、そして、これからお父さんやお母さんになる人にも、お願いがあります。

絶対に子どもの前でけんかやいい争いをしないでください。それが子どもたちの心にどれだけ深い傷を残すかを考えてほしいのです。人間ですから、意見がぶつかることもあります。でも、夫婦げんかは子どものいないところでやるのが親の礼儀であり、守らなくてはいけない最低限のルールです。

そして、できれば、**いたわり合っている姿や気づかっている姿をたくさん見せてあげてください。**それが子どもたちの心に、人を信じることの大切さと愛し合うことの美しさを養《やしな》い育てます。

第二部

子どもが小学生になったら

13 週に一回は、親子で「川」の字に

話しやすい環境をつくる

日本の標準的といわれる子ども部屋は、多機能すぎると思います。ベッドや勉強机はもちろんのこと、テレビを備《そな》えている場合も珍しくありません。ご飯を食べるとき以外は、自分の部屋だけで生活できるようになっています。これでは親と触れ合う時間がどんどん少なくなってしまいます。

でも、私が若いころに放浪したヨーロッパでは違います。当時、お世話になったドイツのある家庭では、子どもたちは自分の部屋があるにもかかわらず、リビングルームのソファーで家族とともにテレビを見たり、リビングルームのテーブルで勉強をしていました。これは今の時代でも変わりません。

本来、家の中ではこんなふうに子ども部屋は寝るための部屋とし、親の目が行き届く範囲で遊んだり勉強したりするのが理想的なのです。
でも、現実には、日本の住宅事情では標準的な子ども部屋に親も子どもたちも慣れていますから、この環境を変えることは難しいかもしれません。
それなら、せめてお願いがあります。
週に一回でいいですから、家族みんなで「川」の字になって寝る日をつくってください。無理なら二週間に一回でもいいですから、お父さんが少し早く帰宅できる日に、みんなで夕食をつくって食べ、リビングルームに全員の布団《ふとん》を持ち寄ります。**そこで、「川」という文字のように、お父さんとお母さんの間に子どもたちをはさんで寝るのです。眠りにつくまでのひとときは、ごろごろ横になってテレビを見たり、ゲームや将棋《しょうぎ》をやるのもいい。**

そのときに、子どもの話に耳を傾けてみてください。お父さんやお母さんが会社や仕事の愚痴《ぐち》などをちょっとこぼしながら、じっと待っていれば、「学校でいじめられている」「友だちがいじめにあっている」などと、ふだんの子どもたちからは聞いたことのない話をしてくれます。

昔の日本では、どの家庭でも当たり前の光景だった川の字。日本が失ってしまったこの素晴らしい触れ合いの知恵を、ぜひ復活させましょう。

14 休日は家族で規則正しい生活を

生活リズムを壊さない

休みの日に規則正しい生活を送っていますか。

大人は月曜日から金曜日まで、仕事で働いて疲れていますから、土曜日や日曜日ぐらいはゆっくり寝て、一日中のんびりしていたいと思うのでしょう。その気持ちは、すごくよくわかります。ですから、日本の家庭の多くは休日になるとだらけてしまうようです。

しかし、休みの日にこそ、家族で規則正しい生活を送ってほしいのです。とくに、まだまだ親に甘えたい小学生の子どもたちには、お父さんやお母さんはいつも近くにいてほしい存在です。そんな子どもたちにとって、週に一日か二

日しかないお父さんやお母さんの休日は、ずっといっしょにいられる貴重な日です。

休日ですから、起床時間はいつもより少し遅く、朝七時か八時でいいでしょう。家族でいっしょに朝食を食べ、「今日はなにをしようか」と話し合うのです。

おすすめは、**土日のどちらか一日、三、四時間でいいですから公園に行くこと。子どもたちは父親や母親と共同の作業をしたりじゃれ合ったり、スポーツをすることを心から求めています。いっしょに砂の城をつくってもいい。サッカーでも、ドッジボールでもいい。独楽《こま》回しなどお父さんの子ども時代の遊びを教えてもいいと思います。**

子どもたちの生活リズムを壊さないためにも、休日は家族で過ごす時間を大切にしてください。

15 子どもの友だちを招待する

人間関係を育成する

負担にならない程度でいいので、子どもの友だちをわが家に呼ぶ習慣をつけてください。親にとってはわが子の交友関係を知るための時間です。一方、友だちは招かれたことによってお父さんやお母さんの顔を覚えてくれます。

このつながりができることは、ものすごく重要です。たとえば、わが子がいじめに合ったとき、この子は教えてくれます。あるいは、この子がわが子をいじめようとしたときに、あなた方の顔を思い出してできなくなります。つまり、いじめの予防につながるのです。

実際に、いじめにあったり不登校になっている子どもたちの大半に共通しているのは、友だちを家に呼ぶことが許されていないということです。だから、

人間関係のつくり方が下手《へた》なのです。

遊んだあとにおなかがすいているようなら、家でラーメンなどをご馳走《ちそう》してあげるのもいいでしょう。この一杯のラーメンが、子どもの将来の大きな資産になるのです。これは子どもにとっても親にとっても、お金に換算できないほど大きな財産です。

16

働いている姿をわが子に見せる

親を尊敬する

親は子どもに甘えています。わが子は自分のことをすべてわかってくれている、いつも尊敬してくれていると勝手に思いこんでいます。

しかし、子どもは自分の目で見たり経験したりしたこと以外は、たとえいくら言葉で説明されても理解できません。とくに小学生ではまだ無理で、余計な気をまわして自分なりの飛躍した考えをしがちです。

たとえば、親が帰ってきて不機嫌そうにしていたら、子どもの目には「お父さん、なにかいやなことがあったんだ」と映ります。不機嫌の本当の理由は、仕事で疲れているだけだったとしても、「口をきかないのは怒っているからだ」「もしかしたら、僕のことを怒っているのかもしれない」と勝手に推測してしまいます。

子どもに理解してもらいたかったら、親自身の姿をきちっと見せる必要があります。そのためには、働いている姿を見せてあげてください。「つらい職場を子どもには見せたくない」と思っていませんか。でも、違います。職場の大変さは見せなければ絶対にわかりません。

どんな仕事や職場であっても、自分の父親や母親が働いている姿は、子どもたちの目には「かっこいい」と映ります。自分の目で見て理解できますから、父親や母親を尊敬したり、見直したりするきっかけにもなります。

そのうえで、さらに**親は自分の仕事が社会の中でどう役立っているのかを、子どもにきちんと伝えてください。「君たち家族がいるから働かなくてはならない。でもお父さんのつくったものは、こんな社会貢献をしている」という、義務としての労働と意義としての労働まで語ってくれたら最高です。**子どもはお金を稼《かせ》ぐことの尊《とうと》さを学びますから、お金は大切にしなくてはいけないと考えるようにもなります。

子どもたちにとって、親は労働や経済、政治の問題を含めた、大人の社会の入り口となります。親はわが家の生活という視点から、子どもたちに社会について語ることができます。これは教科書では学べない生きた授業です。

17 親は毎日一時間勉強する

勉強好きに導く

ほとんどの小学生は、テストの点数のことでお父さんやお母さんから叱《しか》られた経験があるようです。

わが子に勉強が必要だということは、親はよくわかっています。狭い国土で資源の乏《とぼ》しい日本で生きていくには、多くの知識や技術を子どもたちがきちっと身につけていること。これが子どもたちの将来の安定や幸せにつながります。そのためには、やはり子どもたちに勉強してもらわないといけません。

でも、子どもに勉強しなさいという前に、親が率先《そっせん》して勉強してほしいのです。そして、その姿をわが子に見せてあげてください。一日に一時間、**漢字の勉強でも文字をきれいに書く練習でもいい、本を読むのでもいい、新聞を読み**

ながら夫婦で社会の問題を語り合ってもいい。真剣に取り組む姿を見せるのです。

　毎日一時間、この姿を子どもたちが見てごらんなさい。子どもの目や耳を通していろいろな情報や知識が入っていきますから、おのずと勉強好きな子どもになります。

18 親自らが、人のためになにかをする

公共心を培う

ある地方都市のコンビニエンスストアで買い物をしたら、店主から「水谷先生、今度うちの店の前も夜回りをやってくれませんか」と声をかけられました。「どうしたんですか」と聞くと、「子どもたちが買ってくれたスナック菓子やカップ麺《めん》を店の前で食べて、そのまま散らかしていきます。今の子どもはどうなっているんですかね」と嘆いていました。

道路にごみを捨てない、人に迷惑をかけないなどという公共心が、子どもたちからどんどん奪《うば》われています。

これは私たち大人の責任です。道にごみを捨てている大人をよく目にします。

また、目の前にごみがあっても拾わない大人もたくさんいます。しかし、大人である以上、親である以上、子どもたちの手本となる行動をしてください。お父さんやお母さんはごみを見つけたら、「困った人がいるね。ごみはごみ箱に捨てるんだよ」といって、近くのごみ箱に入れる。

また、電車で座っているときにお年寄りが目の前に立ったら、「席を譲ろうね、二人で」といって立つ。一つの座席でいいとしても「ゆったり座ってください」という配慮です。

こういう親の姿を見ている子は、いじめをやりますか、ごみをポイ捨てしますか。しないでしょう。**子どもたちの公共心を培《つちか》うには、親が人のためになにかしている姿を見せるのがいちばんの近道です。「親の背を見て子は育つ」という言葉もあります。**

私はお年寄りが重いものを持っていたら「お手伝いしましょうか」、体の不自由な人が階段やエスカレーターで困っていたら「お手伝いしますよ」といって、いつも声をかけます。そのとき、近くにいる子どもが手伝ってくれること

があります。親もいっしょに手伝ってくれて、「いいことしたね。よくやったね」とわが子を褒《ほ》めてくれると、子どもはうれしそうに胸を張ります。

　こんな子どもたちであふれる国にしたいものです。そのためには、親自らが率先して、お年寄りや体の不自由な人、困っている人の手助けをする。そして、その姿を子どもたちにどんどん見せてあげてください。

19 隣近所の人たちと親しくする

優しい子どもに育つ

この本を読んでいる方にうかがいます。

「近所の方々の名前を何人いえますか？　また、近所の方々は、あなたのお子さんの名前を知っていますか？」

今、日本の地域社会は崩壊状態です。マンションやアパートなどの集合住宅に暮らしている場合、隣人の家族構成や職業すら知らないケースが多いのです。しかも少子化社会ですから、地域の子どもたちの人数も減っています。こうした事情が重なり、今は子どもたちを取り巻く環境の中で人間関係が希薄になっています。

私が子どものころに暮らしていた山形の田舎《いなか》では巨大家族が普通ですから、一家におじいさんやおばあさんはもちろんのこと、ひいおじいさんやひいおばあさんもいました。子どもたちを軸にして、小学校の運動会といえば地域のみんなが総出で応援に行き、子どもたちはお弁当の中身を交換しながら食べました。

残念ながら、現代の都市部のコミュニティーの中でこの環境をつくることは無理です。

でも、できることはあります。たとえば、マンション内の同じフロアの向こう三軒両隣の人たちとは、家族ぐるみのおつき合いをしてほしいのです。旅行や出張に行ったときは、小さなお土産《みやげ》を手渡すだけでいいのです。もし、つき合いたくないといわれたら、そんな人とはつき合わなくてもいいでしょう。

大人たちは顔や名前を知っている近所の子どもになら、「今日は元気ないね」「うれしそうだけど、なにかいいことあったの」などと気軽に声をかけてくれます。この関係が、子どもたちを多くの危険から守ってくれます。それだけではなく、人を信じることの大切さを教えてくれます。**小学生のころは、大人たちから声をかけられた数が多いほど、子どもたちは優しくなっていきます。**

親だけでは限界がありますから、近隣の人たちの力を借りるのです。

20 父親も学校行事や授業参観に参加する

親の存在感がアップする

お父さんは、授業参観や学校行事に参加していますか。

自分が学校で活動している姿を親に見られることは、子どもたちの大きな喜びです。また、子どもにとって自分の親は自慢できる存在です。

私も子どもが小さかったときには、時間をつくって授業参観に行きました。娘は真っ赤に頬《ほお》を染めながら、一生懸命に手をあげていました。

私の場合、小学校時代の六年間の授業参観にはいつも祖母がきてくれました。でも、お父さんやお母さんのくる子がうらやましかった。中学一年のときに母が初めて授業参観にきてくれたのですが、うれしくて誇らしくて、授業中に何度も手をあげたことを覚えています。

子どもの学校の行事や授業参観は、家族の大事なイベントです。母親に任せきりではなくて、父親は学校の行事をはじめ、わが子の教育にもっと参加してください。お父さんやお母さんが学校に行く子どもは、いじめられません。家庭が安定していますから、不登校になることも少ない。毎回は無理でも一年間の行事の半分は、お父さん、あなたの出番です。

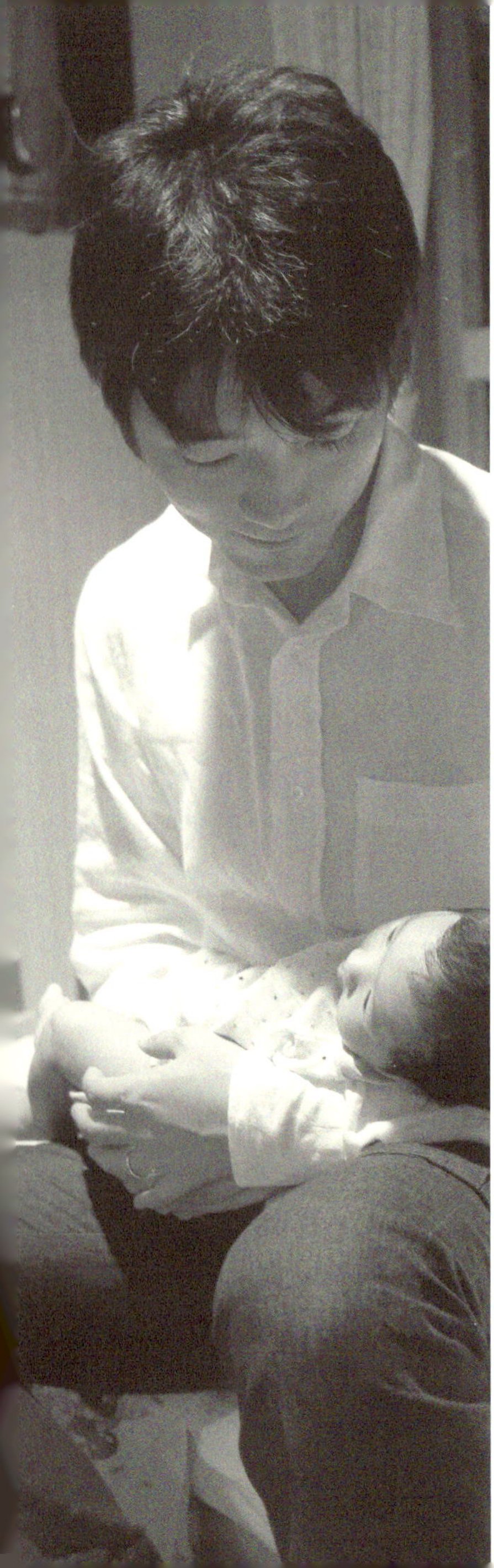

21 月に一度は体が動かなくなるまで運動を

家族で達成感を味わう

今、多くの子どもたちは、自分の体力や気力を限界まで使い切るという経験をしていません。ちょっと歩けば「疲れた」、少し走っただけで「いいよ、もう」などといって、楽に生きることを選びます。でも、限界に挑戦することは、すごく大事です。

日本青年会議所（地域の繁栄や地域の子どもたちの幸せのために、二〇歳〜四〇歳までの人たちが活動している組織）の各地の有志が、不登校や引きこもりの子どもたちと一〇〇キロ歩くことに取り組んでいます。途中、民泊といって一般家庭や農場などで泊まりながら、三日間ぐらいかけて歩きます。私も参

加したことがあります。子どもたちの多くは、最初は不平不満をいい、道路に座りこんで立とうとしない子もいます。
でも、歩き切ったときはさすがにくたくたですが、みんないい顔をしています。限界まで体を使って成し遂《と》げた達成感は、子どもにとって大きな生きる力になります。この経験によって、この子どもたちは学校に戻っていけます。

達成したことで得られる喜びを、小学生のうちにぜひ経験させてあげてください。こういう経験をしている子は、簡単にいじめられませんし、簡単に不登校にもなりません。このことを大人も子どもも忘れています。

一ヵ月に一回、体が動かなくなるまで運動するのです。**近くの山でもかまいません。「今日はみんなで一〇キロ歩いてみよう」と目標を決めて、なにも考えずただひたすら歩いてみてください。**

また、これは必ず「家族みんなで」でおこなってください。家族の中には弟や妹がいることもあるでしょう。体の弱い子もいるかもしれません。その幼い子や弱い子のペースに合わせながら歩いていく。お母さんが足をくじいたら肩を貸し合う。このとき、一つの共同体としての意識がぐっと強くなります。サッカーや野球などのチームでおこなう競技では、「同じ釜の飯を食った仲間は一生の友だち」といい、深い絆《きずな》が生まれます。同様に、家族が協力して達成感を味わうことは、家族の絆を一段と深めていきます。

22

当番を決めて家事に参加させる

やり遂げる責任感を育てる

最近は、子どもをお客様扱いしている家庭が多いようです。

でも、昔の日本の子どもたちには、家庭の中で年相応の仕事がありました。

菅原文太さんという、私にとって父親のような存在の俳優さんがいます。文太さんは宮城県の出身ですが、三歳から畑の水やりが仕事だったそうです。五歳になったら家で飼っていた馬を川に連れて行って水浴びをさせたり、飼葉《かいば》を集めたりする仕事をされたようです。私の場合は、小学校から帰ったら畑の水やりをしたり、収穫期なら畑から野菜を採ってきて夕ご飯のおかずの準備をしていました。

家族も一つの社会です。社会である以上、その構成員である子どもたちも働かなければいけません。「働かざるもの食うべからざる」です。

家族で家事の当番を決めて、みんなで分業しながらやってください。社会に出たら、自分の仕事は分業の中できちっとこなさなければなりません。ですから、その責任意識を子ども時代に培うために、与えられた仕事を毎日きちっとやり遂げる習慣を身につけてもらうのです。

一年生になったら生きものを大事にする目的で、花や植木の水やりがいいでしょう。六年生まで通して食後の食器をキッチンまで運ぶお手伝いもしてもらいますが、一年生なら箸《はし》などの軽いものから始めるのがいいでしょう。

二年生になったら整理整頓を習慣づけるために、自分で遊んだ道具を片づけてもらいます。さらに、洗濯物をたたんだりする手伝いもできます。

三年生や四年生なら掃除の手伝いができます。日常のちょっとした手助けを頼んだり、網戸や障子《しょうじ》の張り替えのときは道具などを運んでもらいましょう。

五年生や六年生になったら料理にも参加させましょう。忙しいお母さんにしたらかえって手間がかかるかもしれませんし、けがややけどの心配もあるでしょう。でも、小さいけがや小さなやけどであれば、経験することによって注意力がつきますから、大きな事故の予防にもつながります。

さらに、週に一回でいいですから、家族全員で共同作業をしてみてください。分業では味わえない楽しさがあります。

たとえば、休日の夕食にみんなでカレーライスをつくるのでもいい、大掃除でも洗濯でもいい。家族みんなで力を合わせて作業します。

共同作業は、ゆとりのない今の学校教育の中ではできなくなっています。決まった時間内で授業を進めなくてはいけないために、早い子はどんどん進み、遅い子は取り残されてしまいます。

でも、家庭ではそうではありません。ゆっくりと共同作業ができますから、子どもたちがいろいろなことを学んでいく場になります。

23 一人旅を経験させる

自立心を育む

辞書や本でいろいろなことを調べたり、わからないことは人にきちんと聞くことのできる子どもが少なくなっています。これは、幼いときから親がすべてのことを指示し、思うままに育てていることが原因だと考えています。

子どもたちは自ら壁にぶつかり、それを自ら克服して初めて自立心が生まれます。そのためにも、子どもが小学校の高学年になったら、ぜひ一人旅をさせてあげてください。まず、「どうしたい？　行ってみる？」と本人の意思を確認することが大切です。そして行きたがっていたら、旅の計画のスタートです。

夏休みや冬休み、春休みに、両親の実家や親戚の家でもいいので、少し遠い場所にある知り合いのところへ、三泊四日程度の旅をさせるのです。親や先方

の手助けが少し必要でしょうが、できれば飛行機や新幹線を使わず各駅停車に乗って、遠い場合は特急を使った旅です。交通機関の時刻表や乗り継ぎを子どもが自分で調べ、予算を立て、自分で荷造りをして旅立つのです。当然ですが、携帯電話やゲーム機は持たせずに。本だけはいいでしょう。ただし、マンガはだめです。

旅に出た子どもたちは不安だと思います。まわりは見知らぬ人たちばかりですし、隣の席の人とも初対面のはずです。その中で、子どもたちは人との触れ合い方を、体験を通して学んでいきます。もしも失敗してしまったら、自分で考えて解決するしかありません、ときには大人の力を借りて。でも、旅先には多くの優しさが待っています。ましてや、子どもの一人旅では、あふれるほどの親切に出会えます。

車窓から見る景色は、子どもたちに多くのことを教えてくれます。また、その地方の食文化や風習を知ることは、本当の日本を知ることにつながります。そして、なにより、子どもたちの中に自立心を育《はぐく》んでくれます。

一人旅から帰ってきたわが子を見てください。目には輝きと、一つのことを達成した自信があふれているはずです。

24 身近な人の死に向き合わせる

命のリアリティを教える

死というものを、きちんと理解できていない子どもたちが増えています。仮想世界のゲームのように、死んでもリセットすれば生き返ると考える子どもたちもいます。また、生きとし生けるものの哀しい宿命である死を、別な世界への入り口や逃げ場と考え、自ら死を求める子どもたちもいます。残念なことに、いとも簡単に人の命を奪う子どもたちもいます。

この背景には、今、多くの親たちが、子どもたちにきちんと死を見せていないことがあります。たしかに、核家族の多い日本では、祖父母と暮らしていない子どもたちがほとんどです。そのためか祖父母への親近感が薄らいでしまい、祖父母が亡くなっても学校や塾を優先して、葬儀には親だけが参列することも多いようです。また、一部の親では、死を子どもに見せることは残酷だと考え、子どもたちから隠そうとしています。でも、これでいいのでしょうか。

私は五歳で祖母の母を亡くしました。そのときのことを今もはっきりと覚えています。祖母の手伝いをして遺体を清め、経帷子《きょうかたびら》（仏式で葬る際に亡くなった人に着せる装束）を着せました。自分をかわいがってくれた人の体がどんど

ん冷たくなっていき、そのまわりで多くの人たちが、亡くなった人との思い出を語りながら哀しんでいました。火葬場では最期のお別れをして、白くて小さな遺骨もいっしょに拾いました。

しかし、その日から死が恐ろしくなって、毎晩のように祖母の横に潜《もぐ》りこんで寝ました。

当時は祖母を恨《うら》みました、「なんで、あんなことをさせたのか」と。でも、今は感謝しています。あの実体験で死の恐ろしさを知りました。命が消えていくことの哀しさも知りました。そして、なにより生きていることの素晴らしさ、命の大切さを学んだからです。

死は、親が子どもに必ず教えなくてはならないことだと考えています。かわいがっていたペットの死でもいい、親戚の人の死でもいいですから、死にきちんと向き合わせてください。そして、親自らが死について子どもに語るのです。そこから、子どもたちの心に命に対するリアリティと尊さが芽生《めば》えます。

第三部

子どもが中学生になったら

25 夜はゲーム、携帯、パソコンを使わせない

仮想現実の世界から引き戻す

いつも考えていることがあります。

もしもゲームや携帯電話、インターネットやメールがなかったら、どれだけ日本の子どもたちは幸せだったか、悩むことなく優秀だったか。それに、子どもたちは退屈で家の中にいられなくなりますから、不登校や引きこもりの八割や九割は解決しているはずです。深刻ないじめや心の病《やまい》の大半はなかったと思っています。

なぜ、機械である道具に、私たちの宝物である子どもたちがつぶされなければならないのでしょうか。道具はきちっと目的を持って使ってこそ、意味のあ

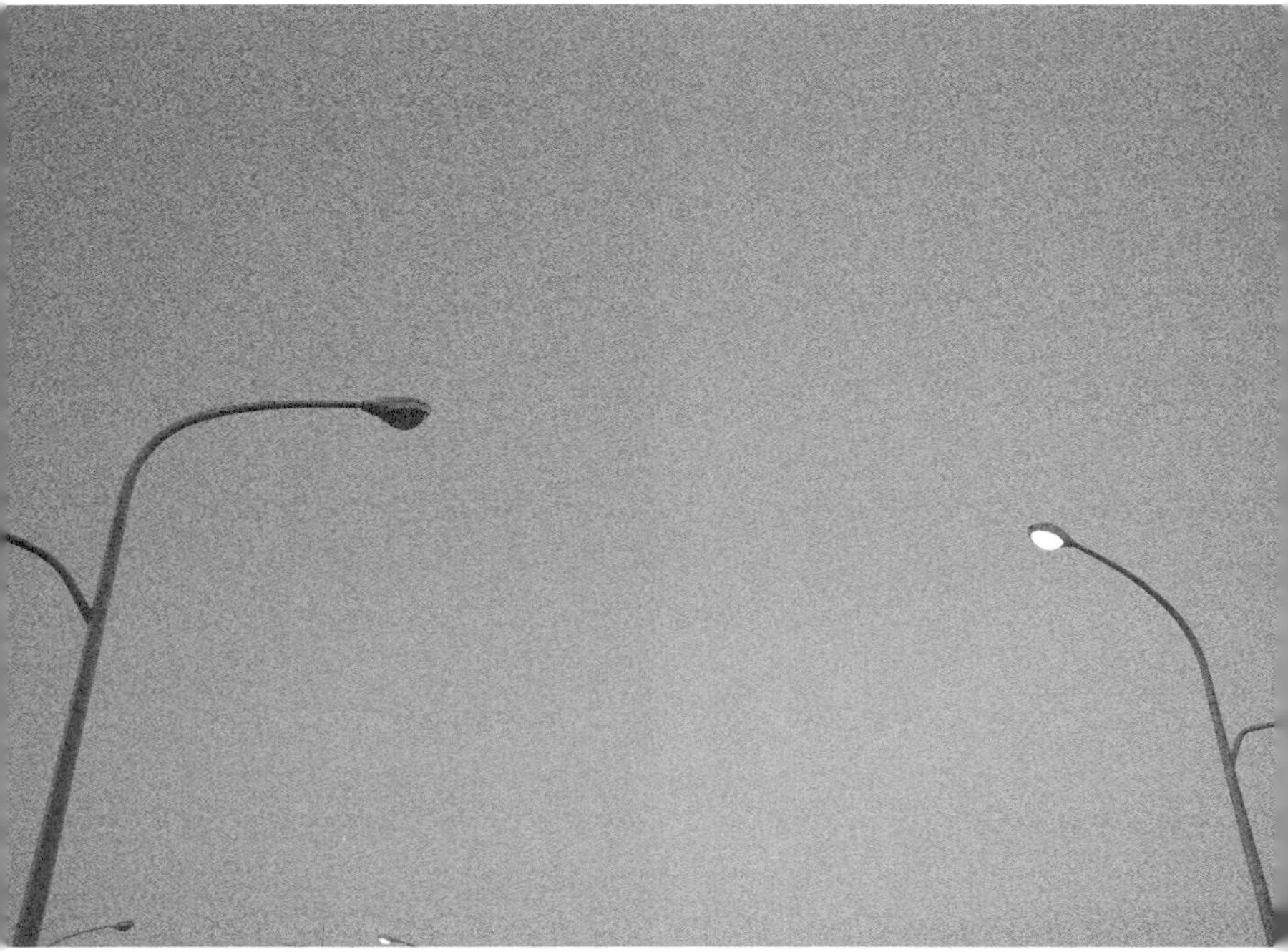

るものになります。たとえば包丁は、料理をつくるために食材を切るという目的では必要な道具です。しかし、切る道具としてだけでは、人を殺す凶器にもなります。

子どもたちのゲームや携帯電話、インターネットやメールは、三歳児が手にする包丁といっしょです。三歳の子には親は簡単には包丁を持たせません。時間をかけて使い方を丁寧《ていねい》に指導するはずです。それまでは、手の届かない高いところや鍵のかかる場所に保管していたのではありませんか。でも、日本の親たちは指導も管理もしないまま、まずはゲームを、次に携帯、そしてパソコンを与えていきます。

今の時代、与えることはやむをえないのかもしれません。だとしたら、**家族の中のルールとして、夜一一時から翌朝の六時までは使わせないでほしいのです。**

私たち人間は夜行性の動物ではありません。太陽の下で生活し、働き、語り合って生きるようにつくられています。夜は本来眠るべき時間です。だから、私たちは本能として暗闇を恐れます。夜は心が不安定になって感情的にもなります。その感情的で不安な夜の時間に、ゲームやインターネットなどの仮想現実の世界に入るから抜けられなくなるのです。メールや携帯電話でコミュニケーションを取るから、しなくてもいいけんかをしたり、人を傷つけたり、傷つけられたりするのです。

「いい成績を取ったらゲームを買ってあげる」「成績が上がったら携帯を買ってあげる」と約束する親がよくいますが、「なんて愚《おろ》かなことをするのか。それでまた成績が悪くなるのに」と、残念でしかたありません。親はもっと深いところで考えてください。

26 毎月の小遣いを決める

お金の価値がわかる

子どもが中学生になったら、お小遣《こづか》いを持たせてください。毎月の金額は家庭の経済状態で話し合って決めましょう。ただし、五〇〇〇円や一万円などという高額はとんでもない話です。

そして、**その小遣いは子どもたちに管理させてください。小遣い帳をつけてもらってもいいでしょう。**

今の世の中は、実際のお金が使われなくなってきています。大人たちはクレジットカードで買い物をし、多くの人は電車に乗るのにも現金のいらない電子カードを改札に通します。その利便性に感覚が麻痺《まひ》してしまい、いとも安易に電子カードを子どもたちに持たせています。この電子カードは塾などへの電車賃という名目ですから、補充分は親が負担します。子どもたちは勝手に使っても怒られませんし、おつりもありませんからお金という実感が生まれません。これでは、子どもたちはお金の価値がわからなくなります。

本来、お金とは目で見て、手で握って、使って、残った金額の少なさに愕然《がくぜん》とすることによって、その尊《とうと》さを学ぶのです。お金は実体的なものであるはずなのに、仮想的なものになってしまっています。これからこの傾向にはますます拍車がかかっていくことでしょう。

そこで、中学時代に貨幣経済の実感をきちっと身につけさせてください。財布《さいふ》が軽くなるということの重さを教えるのは親の義務です。

ほしいものがあったら、お小遣いを貯めて買う。お金を貯めるという実感を養《やしな》うことも大事です。

その反対に、もらったお年玉を貯めこんで大金を持っている子どももいます。お年玉は子どもがもらったように思いがちですが、親が相手の子どもに同じように返すわけですから、家庭にくれたと考えてもいいはずです。子どもには無用な大金を持たせないことが肝心なのです。**おじいちゃんやおばあちゃんからのお年玉は子どもの年齢に見合う金額に減らしてもらう、お年玉をもらったら毎月のお小遣いの金額を減らすなど、お金に関してきちっと教えてあげてください。**

27 一日に三〇回は褒めるか、優しい言葉を

自己肯定感を持たせる

中学生や高校生の九割以上の子どもは、親から褒《ほ》められた数よりも叱《しか》られた数のほうが多いといいます。

そこで、お父さんやお母さんたちに、「あなたの子どもはそんなに悪い子ですか。叱ってばかりなほど悪いことをたくさんやっていますか」と質問すると、「とんでもない。うちの子どもにはいいところがいっぱいあります。でも、ちょっとだけ悪いところがありますから、そこを叱って、もっといい子にしたいのです」と答えます。

親たちは、本来なら褒める時間を叱る時間に使って、悪いところを集中的に

短期間で直そうとします。これを哲学では思考経済主義といいます。効率よく上手《じょうず》に子どもを育てたいのです。

たしかに叱ることも必要です。やってはいけないことや罪を犯《おか》したら叱らなくてはいけません。でも、一日三〇個は褒めてあげてほしい。子どもは褒められなければ、自分のいいところがわかりません。

かつて先人は「子どもは十褒めて、一叱れ」といいました。十褒める中で心の通い合いをつくり、自信というのいちばん大事な自己肯定感を持たせる。そのうえで一ヵ所を変えていく。これがすごく重要なのです。

褒めないまでも、優しい言葉をかけてあげてください。「お手伝い、ありがとう」「お父さんとお母さんは、いつでも君の味方だよ」など、なんでもいいのです。

子どもは受けた愛、語られた夢や希望が多ければ多いほど、非行や犯罪、心の病から遠ざかります。受けた優しさや愛が深ければ深いほど、非行や犯罪、心の病に入ってもその傷は浅いのです。子どもたちは優しさを待っています。

28 叱ったあとは、必ずそばにいる

愛情を実感する

私は長い教員生活の中で、胸を張れることが一つあります。それは子どもを叱ったこと、怒ったこと、怒鳴ったこと、叩《たた》いたことが一度もないことです。ただし、それには理由があります。私がかかわってきた子どもたちは、親や先生などの大人たちから叱られ叩かれ続けてきました。「大人なんて」と猜疑《さいぎ》心《しん》を持った子どもたちをまた叱れば、「この人もいっしょか」と思われます。これでは人間関係をつくれませんし、もっと心を閉ざしてしまいます。だから、叱らなかったのです。

もちろん、叱らなくてはいけない場合もあります。子どもが悪いことをしたときは、親が責任を持って正してやらなければなりません。

ただし、叱ったあとの責任を取ることも大事です。その責任の取り方とは、子どものそばにいることです。

多くの場合、叱ったあとに親は黙ってしまいます。そして、子どもに反省を強います。一方、子どもにとっては「親から叱られた」こと自体が大きなショックです。

だからこそ、**叱り捨てだけは絶対にやめてください。子どもが泣いて部屋に閉じこもったら、三〇分か一時間後には「さっきはいい過ぎたね」といって、歩み寄るゆとりを通して親の愛情を見せてあげてほしいのです。**

29 週に一回は、学校での出来事を聞く

自分の言葉で話すようになる

「子どもが口をきいてくれない、なにも話してくれない」という相談が、親世代からたくさん寄せられます。でも、本当にそうなのでしょうか。もし、そうであったとしても、子どもたちが話したくない雰囲気の家庭なのではないでしょうか。また、そのような状況に、親が子どもを追いこんでいるのではありませんか。

じつは今、待つことのできない親が多いのです。

待てるようになるためには、ふだんから家庭で週に一回は子どもの話を聞く日をつくってください。**学校での出来事や部活のこと、友だちのことを聞いて**

ほしいのです。中学生になると子どもたちの言葉は少ないですが、ぽつぽつながらも言葉を返してくれます。

毎週繰り返すことで、親は忍耐力がつきますし、子どもたちは雰囲気に慣れて話しやすくなりますから、結構いろいろなことを聞けるはずです。子どもたちは今の自分の気持ちを、自分の言葉で語ってくれるようになります。

また、学校の中でいじめのような事件があったときは、安易に叱ったり、いじめた子に対して直情で怒ったりするのではなくて、「どういうことがあったの？　聞きたい。待っているよ」といって、子どもの横にいて待つ時間をつくってください。

子どもたちは、親から言葉で詰問されたほうが楽なのです。親が売り言葉に買い言葉で返せば、子どもたちは自分が悪いと思っていても「うるさい、くそばばあ、くそじじい」などといって親子げんかになります。これで子どもたちはその場を逃れることができるのです。また、親が泣いて感情的になると、子どもは自分が悪くないと思っていても、「ごめんなさい」と謝るしかなくなります。これでは真実はわかりません。あるいは、強く詰問すると子どもは調子のいい言葉を並べて、親を騙《だま》します。嘘によって関係がどんどん悪化します。

親にじっと待たれることは、子どもたちにとっていちばんきついことです。親から言葉が消えると、子どもたちは言葉への反応ができなくなりますから、自分の言葉で反省を語らなくてはなりません。これをやってください。子どもたちは変わります。

30 間違えたときは、潔く子どもに謝る

恨みの心を残さない

私は教員時代、生徒たちから「ごめんねの水谷先生」といわれました。大人も人間ですから失敗をおかします。間違えを教えてしまったこともあれば、誤解から子どもたちに間違えを強いたこともありました。でも、間違えに気づいたら、私は必ず「ごめんね」と子どもたちに潔《いさぎよ》く謝りました。

しかし、大人たち、とくに多くの親たちが「ごめんね」と子どもたちにいっていません。自分の間違えに気づいても謝らないのです。親の権威や大人の威厳が落ちるとでも考えているのでしょうか、「うるさい」などと癇癪《かんしゃく》を起こしてごまかしたりします。

自分の間違えを棚に上げて親の権威を押しつけることは、子どもたちの心に大人に対する深い不信感を生みだします。「大人はずるい」と、夜の世界の子どもたちの多くはいいます。「自分たちの間違えを認めない。どうせ、大人はえらいんだろう。どうせ、俺たちが悪いんだろう」、これが子どもたちの発想です。

大人を信じられない子どもは、どうやって自分の明日をつくることができますか。親や大人とかかわらなければ、子どもたちの明日はこないのですから。**恨《うら》みの心を家庭の中に残してはいけません。**次の休みに家族で出かける約束をしていても、仕事の都合で行けなくなることはあります。そんなときは「ごめんね。この代わりは、また考えようね」と謝ってください。子どもたちはわかってくれます。

「ごめんね」をたくさんいえる親の子どもは、優しい子に育ちます。

31 家族いっしょの食事タイムを大切に

家族のつながりを強める

朝食や夕食は、子どもたちといっしょに食べていますか。

「夜遅くまで残業があるから無理。朝はそんなゆとりがない」、こう答えるお父さんやお母さんは多いでしょう。気持ちはよくわかります。

今、朝ご飯を食べない子どもたちが増えています。夕食も孤食といって家族別々、家庭によってはコンビニのお弁当を一人で食べる子どももいます。

中学生ともなれば学校にいる時間が長くなりますから、家族といられる時間は休日とご飯の時間しかないはずです。せめて、そのご飯のときにいっしょに過ごす時間をつくってください。

家族でいっしょに目覚めて、みんなで朝ご飯をつくりましょう。目玉焼きとトーストだけでもいいんです。いっしょに食べながら、「今日もいい日だといいね」といい合う。

お父さんが午後七時台くらいに帰れる日は、電話を入れて子どもたちに夕食をちょっとだけ待ってもらうのです。お父さんが一品つくったり、子どもたちの喜ぶおかずを買ってきてみたり。これが家族のつながりを強くします。

先日、大学時代の友人宅で夕食をご馳《ち》走《そう》になったのですが、そこで驚くべき光景を目にしました。

急な訪問でしたが、久しぶりに会えたので二人でいろいろな話をしました。ところが同じテーブルを囲んで友人の息子と娘さんはメールをし、お母さんはテレビでお笑いタレントのクイズ番組を熱心に見ていました。この家族は、お父さんの若いころの話なんて興味や関心がないのでしょうか。

お願いがあります。今、テレビを見ながらご飯を食べる、メールをしながら人の話を聞くなどと、同時に二つのことをしている人はとても多いと思います。でも、せめて食事中は、この「ながら」をやめてほしいのです。

なぜなら、食事は生きていくためには欠かせない聖なる行為です。**その大事な食事を「ながら」ですます家族になってほしくないのです。食事中は家族の話し合いの場にしてみませんか。その日に会社や学校であったことを家族が順番で話してもいいでしょう。**これだけで家族関係は必ず改善します。

32 親は喜怒哀楽をはっきり表す

感情表現を磨く

最近は、怒ってばかりいる子どもたちが減ってきました。その代わり、いつも「哀しい」「死にたい」といっている子どもはたくさんいます。

一方で、喜怒哀楽をはっきり表せない子どもたちが増えています。喜怒哀楽の感情を出さずに溜めこんでしまうと、心はパンクします。日本では、一九八〇年代の後半から「キレる」という言葉が流行《はや》り始めました。対人関係で我慢に我慢を重ねていて限界を超えると、堪忍袋《かんにんぶくろ》の緒《お》が一挙にキレて、激しい怒りに変わることを意味します。

キレる手前で、自分の感情をはっきり出すべきです。その模範として、親が具体的に喜怒哀楽の表し方を教えてあげてほしいのです。

子どもがいいことをしたときには、「いいことしたね。お母さんはうれしいよ」などといって素直に喜んでください。また、お父さんが昇進したときなら「今日はちょっとご馳走つくるよ」といって、みんなで喜びを分かち合ってください。

また、怒りの対象は人間だけではありません。たとえば、**新聞で戦争によっ**

て子どもが殺された記事などを見つけたときに、「子どもたちが犠牲《ぎせい》になるような戦争は絶対にあってはならない」と、怒っている姿を見せてほしいのです。子どもに平和という観念が生まれます。

哀しみは、事故などによって子どもが犠牲になったことなどを知ったときです。また、子どもが万引きや罪を犯した報道を見たら「かわいそうに、この子にどういうことがあったのか。でも罪を犯してはいけない」ということを伝えます。子どもが正義という観念を覚えるチャンスです。

楽しむことも大切です。**家族旅行などで心から楽しんでいる姿を、きちっと子どもたちに見せてください。**

たくさんの喜びを表すことができる人は、きちっと怒ることもできます。たくさんの哀しみを出すことができる人は、たくさんの楽しみを味わうこともできます。人間というのは山あり谷ありですから、その感情を表現しながら、きちっと味わわないといけないのです。

33 友人たちに子どもを紹介する

多様な生き方を学ぶ

お父さんとお母さんにお願いです。

たとえば、自宅や友人の家、あるいはファミリーレストランや居酒屋でもいいですから、友人たちとのホームパーティや飲み会の場を、ぜひつくってほしいのです。そして、そこに子どもたちを同席させてください。また、高校や大学の同窓会は子連れを企画するのもいいでしょう。子どもたちに親の仲間たちが生きている世界を見せてほしいのです。

今の日本では、子どもたちが日常で接する大人といえば、親か教員だけです。縦の関係がとても細くなってしまっています。学校の先輩後輩の関係は希薄ですし、それ以上に一〇代と二〇代、三〇代と一〇代、二〇代といった関係が

まったくつながっていません。
このような環境で、子どもを狙《ねら》ってくる大人たちがいます。夜の世界の住人

たちです。「お小遣いをあげるから、遊びに行こう」「カラオケへ行こう」とお金で子どもたちをつります。ちょっとふらふらしている一〇代の男の子なら「缶ジュースをおごるから、友だちになろう」などと近づいて、暴走族や非行集団に組みこんだりします。子どもたちが大人を見極める目を持っていないのは、目上の者についての知識がないからです。

親同士が集まる中に子どもを連れて行けば、いろいろな世代に触れ合えますし、親の友だちの仲間としての広がりも生まれます。

大人との出会いを、たくさんつくってあげてください。

子どもは、できる大人と会った数が多ければ多いほど、いろいろなものを学べますから、できる大人になります。できる大人とは、その日を一生懸命生きているまじめな大人のことです。だめな腐った大人に触れれば触れるほど、子どもは大人を見切りますから、腐った世界に入ってしまいます。

人がいちばんの教材です。人の生き方を学ぶことが、子どもたちがいちばん簡単に自分を育てられる方法です。

34 夜の繁華街に、朝連れて行く

虚構の世界を見せる

わが子に聞いてみてください。

「夜回り先生は夜の世界は真っ暗な闇の世界だっていうけど、どう思う？」と。

「違うよ、きれいだし魅力的だよ」と子どもが答えたら、土曜日か日曜日の朝八時か九時に、家族みんなで社会科見学です。

有名な繁華街や歓楽街を朝の光の下で見せてあげてください。朝なら安全ですし、夜の街は朝の太陽には嘘をつけません。そばに行けば、きらびやかに見えた店の看板や装飾は薄汚《うすぎたな》いベニヤ板に絵を描いただけ、安価なプラスチックの板に電気やネオンをつけてつくっただけの偽物《にせもの》だとすぐにわかります。また、魅力的に輝いていた夜の街を朝歩けば、ゴミだらけ、ゴキブリやねずみが這《は》い

回り、吐いたあともたくさんあります。
そこで聞いてみてください。
「あなたは、こんな街で生きたいの？」
と。

美しいものを見せるのだけが親の責任ではありませんし、教育でもありません。子どもたちに、醜《みにく》いものや本当の姿を見せることも必要です。夜の世界がつくりものの世界だということをきちっと教えるのも、親の責任の一つです。

35 家族旅行で歴史や文化を体験させる

心が柔軟になる

夏休みや冬休みには家族旅行をする家庭も多いでしょう。せっかくみんなで出かけるチャンスです。中学生なら歴史や文化を知る旅にしてみませんか。

日本人としてのルーツや生きつないできた文化を、ぜひ子どもたちに体験させてください。教科書の写真で見た建物や授業で教わった歴史を、自らの目で見て、じかに触れることには大きな意味があります。

でも、親が子どもたちを連れ歩いて、一方的に説明するだけではもったいない。ぜひ子どもたちにも参画してもらってください。**行く前にガイドブックなどを見て、家族で分担して旅先の地域の歴史、環境や気象などを調べるのです。現地では親子で学びながら、散策を楽しみます。帰ってきたら、家族でオリジナルのパンフレットをつくってもいいでしょう。**思い出の写真を並べるだけでなく、子どもたちが体感したことや興味を持ったことを書き残すのです。

歴史や文化に家族みんなで触れ合うことは、子どもたちのいい勉強になります。そして、そうしたゆとりを持つことで家族の教養が高まります。教養は人の心をやわらかくします。

第四部

子どもが高校生になったら

36 わが家の門限を決める

夜遊びの誘惑から守る

高校生ぐらいになると、夜遊びをする子が増えます。夜の世界は子どもたちにとって魅力的です。しかし、夜の世界では、多くの悪い大人たちがてぐすねひいて待っています。

家庭では門限を必ずつくってください。門限があるのは、子どもである以上は当たり前のことです。

日本の各地方自治体には、青少年の保護育成とその環境整備を目的に定められた青少年保護育成条例があります。その中にはおおむね、「一八歳未満の少年は午後一一時から午前四時までの間は、管理保護できる成人の付き添いなしに夜の街を歩いてはいけない」という趣旨のことが規定されています。だから、

その時間帯に外を出歩いている子どもたちは、補導対象として補導されます。これは法規違反だからです。法はわれわれを守ってくれるためにあります。守ってくれる以上、われわれも法は守らなくてはいけません。

この条例に従って、一八歳未満の場合にはどんなに遅くても夜一一時には家にいてもらいます。ですので、門限はその一時間前の一〇時でいいでしょう。**門限は絶対的な決まりとして一年三六五日厳守です。いかなるときも子どもたちが夜出歩く理由はありません。**文化祭、体育祭、暮れの年越しでも例外ではありません。「うちの親はうるさいから、帰らないと怒られる」でいいんです。

どうしてもという場合は、父親か母親がついていくことです。この決まりは一度でも崩してしまったら、ほかのこともぽろぽろ崩れます。

もしも門限を破ったら、玄関に家族みんなで座って待ちます。帰ってきたら怒らず、「やっと帰ってきた、安心したわ。おいしいものがあるから食べなさい。お風呂も沸いているわよ」というのです。これをやられたら、反抗期の子どもでも夜遊びはできません。親なら頭ごなしに叱《しか》るのではなく、子どもを信じて待つというゆとりを持ってください。

37 わが子に勉強を教えてもらう日をつくる

学ぶ力を伸ばす

子どもが高校生になったら、わが子から勉強を教えてもらう日をつくってください。高校の教育内容はレベルが高くなりますから、親がついていけないこともあります。**週に一日でも、二週間に一日でもいいので、親が学びたい教科、あるいは子どもの得意な教科で、子どもに家庭教師になってもらうのです。**

人にものを教えるということは、ものすごく学ばなければできませんから、子どもはもっと勉強するようになります。また、親に対して教えることは、子どもにとって最高の喜びでしょう。これで親子の関係がぐっと深まります。

日本人の悪いところの一つですが、学校教育が終わるとほとんどの人はまっ

たく勉強をしなくなります。仕事で必要なことなどは切羽《せつぱ》つまって勉強することはあっても、一般的な知識を豊かにするための学問はしません。

でも、大人になって学び直してみると、高校生当時はわからなかった教科書の内容がすっとわかったりします。そして、人生経験を重ねてきたからこそわかる、新たな発見や気づきがたくさんあります。これは日常生活を支えたり生き方を考えたりする基盤になるものです。それだけの重みが高等教育にはつまっているのです。

さらに、子どもに教えてもらうだけではなくて、家族で教え合う日があってもいいでしょう。家族で一つのテーマを決めて学び合うのです。たとえばパレスチナ問題なら、お父さんはパレスチナについて勉強する、お母さんはイスラエルについて調べる、子どもは学校の先生に第一次から第四次の中東戦争についていろいろ聞いてくるなどして、みんなで発表し合うのです。

家の中でそれぞれが授業をやるのは、まさに理想的な家族の姿です。

38 時事問題を家族で話す

ものの見方を教える

家族の間で、世界や日本で起こっている社会事象を話題にしたことがありますか。たぶんほとんどの家庭ではないと思います。

私たちが社会の中で生きていくうえでいちばん大事なのは、多様なものの見方ができるということです。子どもたちが社会に対するものの見方をきちんと身につけていくのをバックアップするのは、まさに家庭の仕事だと私は考えています。親は親なりに、生きてきた中で学んだ、ものの見方を持っているはずです。それを子どもたちに見せてあげてください。

時事問題は、その日に起きたことをリアルタイムで話すことに意味があります。今起きている事件や政治や経済の状況は、決して子どもたちから遠く離れ

たところにあるものではありません。なぜなら、今子どもはその中で生きているのですから。子どもたちが知ることによって初めて世界との関係が確立し、子どもたちは社会に参加することができます。この環境をつくるのは親であり、これをいちばんよく語れるのは夕食のときでしょう。

共通の話題は新聞にたくさんあります。新聞は廉価《れんか》でもっとも新しい情報のつまった宝庫であり、ものの見方や考え方、教養を養《やしな》う学校のようなものです。いわば、万能な本といえます。一紙でいいですから、**新聞に家族みんなで目を通す習慣をつくってください。**

ときに混迷する国際情勢を憂い、ときに混乱する政局に怒り、ときに悲惨な事件に涙しながら、世界の動きや社会で起きている事柄について、お父さんなりお母さんなりの見方で語ってほしいのです。高校生になれば、おのずからその中に参加してきます。

39 週に一回は、子どもに夕食当番を

家事力を身につける

今、子どもたちの多くが「貴族」のような暮らしぶりです。洗濯をしてもらって、食事をつくってもらって、身のまわりのことも親にほとんどやってもらっています。でもこれが、子どもたちからどれだけ多くの生きる力を奪《うば》っているか考えてみてください。これではだめです。

家族としての自覚を持ってもらうために、男の子にも女の子にも週に一回は家事を手伝わせてください。

また、子どもたちはいつか必ず社会に巣立っていきます。その自立のときに備《そな》えて、高校を卒業するまでの間に、基本的な家事一般のことをきちっと教え

てあげてほしいのです。

　土曜日の午後でも夜でもいいですから、子どもに家族の洗濯物を洗ってもらい、翌朝干してもらいます。あるいは、キッチンの掃除でもいいので、レンジ台や流しをきれいに磨《みが》いてもらうのです。家の外まわりをきれいに掃《は》いてもらってもいいでしょう。そのほかに、トイレの掃除は必ずやってもらってください。

　なかでも、料理ができることは大事です。**お母さんやお父さんはお米のとぎ方やご飯の炊き方、あるいはわが家の定番料理のレシピや秘伝の味のつくり方を、ぜひ子どもたちに教えてあげてください。**

　そして、週に一度は子どもに食事をつくってもらうのです。とくに夕食をつくってもらうのがおすすめです。男の子も女の子も、夕食当番の日は早めに帰ってきて献立を考え、買い物をして、家族に料理を振舞ってもらうのです。それをみんなでワイワイいいながら食べると、家族の会話がいつもよりずっとはずみます。

40 つらいときは、子どもに聞いてもらう

家族の絆が深まる

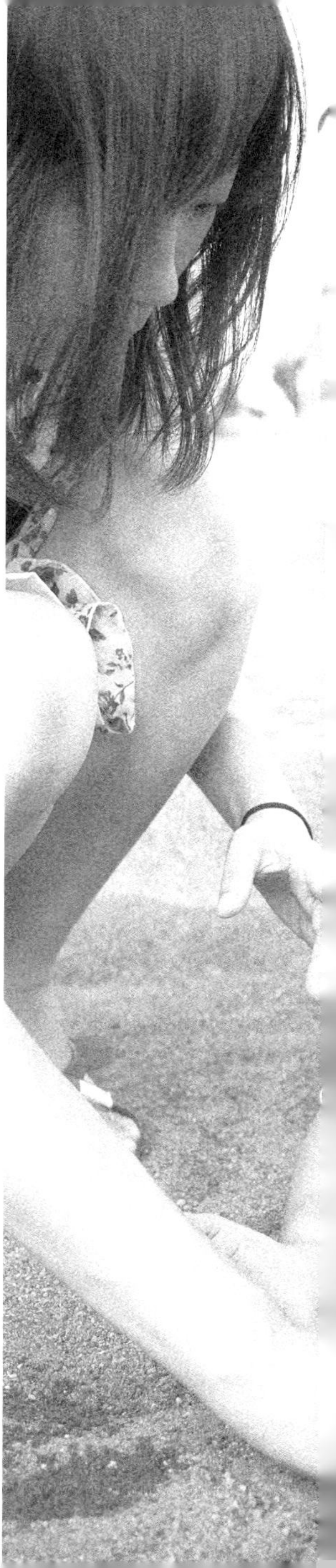

私のもとに届く相談のメールには、「お母さんが下を向いてつらそう」「両親がひそひそ話をしている。どうしたんだろう、心配だな」という内容のものがたくさんあります。

日本人の親の特性かもしれませんが、我慢することが尊《とうと》いと思っているようです。よい親ほどつらい様子を子どもたちに見せないようにしています。

親にしてみたら、子どもを巻きこみたくないと考えて、我慢することで子どもを守っているつもりなのでしょうが、高校生にもなれば、ある程度は子どもに話す必要があります。我慢することだけが子どもにとっていいことではありません。隠すことだけが子どもにとっていいことではありません。

事情を話してもらえないことに、案外、子どもたちは傷ついています。親の様子をよく見ていますし、陰で心配しています。そして、「自分はあてにされていない」と思ったり、極端な例では「親は私のことなんかどうでもいいんだ」と誤解してしまう子もいます。優しい子やいい子ほどそう考えるのです。

子どもも家族の一員である以上、親の判断のうえで、家族の悩みにきちっと参加させてあげてください。つらいことや哀しいこと、困っていることなどを子どもに聞いてもらうのです。

その中で、子どもは家族の苦しみや、お父さんやお母さんの気持ちをわかり合えるようになっていきます。そこから家族の絆《きずな》が一気に深まっていきます。

41 わが家の経済状態を知らせる

お金の尊さがわかる

今、大学生や新人社員、あるいは派遣の仕事をしている人の中には、自己破産をする人たちが非常に増えてきています。この背景には日本の貨幣経済がクレジットカードや電子カードに移行しているということがあります。そのため、現金の尊さを学んでいませんし、一円が足りなくてものが買えないという事実を忘れています。

これは学校教育で簡単に教えられることではありませんし、自然に学べることでもありません。子どもが自立するときに困らないように、お金の重さを家計のやりくりを通して高校時代に教えることは、父親と母親の義務です。また、子どもにはそれを知る権利があります。

わが家の家計は、お父さんの給料の手取りはいくらで、お母さんのパートの稼《かせ》ぎを合わせるといくらの収入がある。この中から、子どもたちにかかる教育費、家族の小遣《こづか》い、食費や光熱費、通信費や雑費を合わせるといくらの支出で、家や車のローンなどは毎月いくら返済しているかをありのままに教えてください。

さらに、お父さんの会社の現状なども伝えて、毎月のやりくりを見せるべきです。このとき、優しい子ほど親のことを考えます。大学に行かずに働くという子もいるでしょう。その場合は、お金を借りられる公的機関のことなどを説明して、お父さんががんばれることを伝えて安心させてあげてください。

もし、子どもがアルバイトをするというのなら、これは遊びに使うお金ではありません。家計を助けるためのお金ですから、許可してもいいでしょう。お金の重さが違います。


ちなみに、アルバイトにまつわる怖さがあることも教えてあげてください。

じつは今、就職が決まった大学生の中には内定を取り消される人がいます。これは借金が理由です。あるクレジット会社はカードをつくらせるために、アルバイトをしている大学生にローンでお金を貸します。返済が滞《とどこお》って数ヵ月するとこの大学生はブラックリストに載ってしまい、就職先指定の銀行口座が開けなくなってしまいます。ブラックリストに載ると人生を台無しにされる時代です。ローンは安易に借りないことです。

42 公的手続きを教える

社会のルールを理解する

夜間定時制高校の教員時代に、愕然《がくぜん》としたことがありました。定時制ですから二〇歳以上の子もいますが、その一人が働いたお金を貯めて自動車を買うことになりました。それで、印鑑証明と実印を用意しなければならないけれど、どうしたらいいのかわからないので教えてほしいと相談されたのです。

社会科の教員として「しまった」と思いました。実印の機能や印鑑証明の役割を、一年生のときになぜ教えておかなかったのかと悔やみました。

役所に行けば、出生届、転出届、転入届、婚姻届、離婚届、死亡届など、いろいろな書類があります。これを学校教育で教えるのは当たり前ですが、家庭でもきちんと教えてほしいのです。

今の時代、子どもが高校を卒業して進学するとき、入学手続きなどは親がやってしまうことが多いようです。親元から離れて一人暮らしをするときも手続きは親がおこなっています。しかし、これは問題です。これでは社会のルールにうとい大人になってしまいます。

自立のために必要な知識や実際の手続き、たとえば、住民票の申請方法や費用、アパートを借りるのにはどんな書類がいるのかなどを教えてあげてください。そして、当事者である子どもに可能な限りやってもらうのです。親は保護者として参加します。そのときに、日本社会における印鑑の重さも伝えてほしいのです。実印と三文判の違いや、実印はなぜ人に預けてはいけないのか、人に預けるとどんな危険があるのかを親がきちっと教えてあげてください。

43 絶対に親の夢を押しつけない

人生は子どもが決める

高校の保護者会などで、よくいったことがあります。

「みなさんは、試験の点数で子どもたちを叱ったことがありますか。どこの大学に行けといったことがありますか。私はこれをいう親が許せません。今から全部の試験問題をやってみますか。みなさんはいったい何点取れるのでしょうか。子どもたちはそれぞれ努力しているのです」

親たちは自分ができないくせに、「何点だった？　何番だった？」などといって子どもたちにプレッシャーを与えて、いい点数を取らせようと躍起になっていませんか。

子どもたちは無限の可能性を持った存在です。学校教育が五段階の評価で判断する、体力、技術、知識、能力などは、ある一部分のものでしかありません。それなのに、この部分だけで評価されたり、優秀かどうかを判断されたりしたら、落ちこぼれといわれる子どもたちができるのは当然です。

本当の教育や子育ての原点とは、子どものまわりにいい本やいい人との出会い、いい先生や学校との出会いをつくってあげながら、自らを伸ばし花咲かせ

るのを助けることです。**子どもが持っている無限の可能性の中から、その子だけが持っている本当にいい可能性を見つけてあげ、そして、見守るのです。**

このゆとりを失った親が、子どもたちを追いこんでいます。じつは今、優秀な学校や受験校でリストカッターが非常に増えています。親の過剰期待に応えられないからと、自分を責めて自分の体を傷つけています。本来、こんなことはあってはならないのです。

子どもの人生は親のものではありません。子ども自身のものです。子どもの人生は子どもが自己決定しなくてはなりません。

考えてみてください。わが子がこういう人生を送れたら幸せだと考えて、親がそのレールを敷いてあげることは、子どもにとって本当の幸せなのでしょうか。もし、子どもが人生に失敗したらその責任は誰が取るのでしょうか。

親の夢を押しつけたり、自分ができなかったことを子どもにやらせようなどと考えるのは愚の愚どころか、最大の虐待といえます。これは絶対にしてはいけないことなのです。

第五部

子どもが問題を起こしたら

44 かかえ込まず、多くの人に相談を

再発の抑止力になる

たとえば、自分の子どもが万引きをした、いじめをした、人を傷つけた、あるいは薬物を使った、体を売ったなどというようないろいろな問題を起こしたときに、それをかかえ込んで隠そうとする親が非常に多いのです。気持ちはわかりますが、これは子どもにとって決してプラスにはなりません、マイナスです。むしろ、できるだけ騒いでほしいのです。まわりの人に知られることは再発の抑止力になるからです。

じつは、子どもが問題を起こすいちばん大きな原因は家庭と親にあります。親は完璧ではありません、必ず欠点があります。でも、多くの場合、大人は自分の欠点を変えようとしません。

欠点に気づいて変えていくためには、第三者の介入が必要です。実家のおじいさんやおばあさんでもいい、友人、あるいは学校の先生でもいい、家庭裁判所や地方自治体の教育委員会、児童相談所、保健所などの相談窓口の人でもいいので、たくさんの人に相談して、知恵を借りるという謙虚な気持ちをもってください。

たとえば、子どもが万引きしたからといって、ただ叱《しか》ったり叩《たた》いたりするだけでは問題は解決しません。第三者が子どもになぜ万引きをしたのかを聞いてくれることで、親の問題が明確化されます。そして、親がこの問題を改善すれば、家族関係は案外すんなりほどけることが多いのです。

万引きのケースの親には、大きく分けて三つのパターンがあります。

一つ目は、「お金を払えばいいんでしょう」と開き直る親。これはどうしようもありません。このパターンの親の子は問題を繰り返します。

二つ目は、「すみません。警察にはいわないでください」と現場では謝っておきながら、「なにやってんの」と家で子どもを叱る親。このパターンも子どもは問題を繰り返します。

三つ目は、「罰するのなら私を罰してください。警察に行きましょう。私が償《つぐな》います」といえる親。この子どもは繰り返しません。なぜなら、子どもたちは気づきます、「大変なことをやってしまった」と。

すると「あの子、万引きしたんだって」などといって差別する人もいるでしょう。子どもや親にとってはつらいかもしれませんが、してしまったことはしようがない。きちっと償うしかありません。耐えることも償いの一つです。これでもう二度と同じ過《あやま》ちをしなくなります。

それを事なかれ主義で押さえたり、隠そうとすると、子どもはどんどんエスカレートします。絶対に、親には子どもの姑息《こそく》な尻拭《しりぬぐ》いをしてほしくありません。

よく「親のふりだけはしないでください」とお願いすると、ほとんどの親たちが笑います。でも、子どもを産みさえすれば親ですか、違うでしょう。産んだ子を優しさと愛で育て上げ、その子に「お母さんの子どもでよかった。産んでくれてありがとう」といわれて、初めて親になるのです。努力をしなければ、いい親にはなれません。親も立ち止まらないで、子どもとともに成長し続けてほしいのです。

子どもが問題を起こしたときは、むしろチャンスです。**親が変わることによって、家庭を変えるのです。そして、子どもが償うときにはお父さんやお母さんが必ずそばにいる。これが、親の本来あるべき姿なのではないでしょうか。**

45 家族の問題はみんなで考える

子育ては意外性が大事

子どもたちが問題をかかえているときに多いのが、お父さんとお母さんが子どもたちに矛盾《むじゅん》したことをいうケースです。

たとえば、わが子が不登校になったときに、お母さんは「今日は学校を休んでいいよ」と許したのに、お父さんは「なに考えているんだ。すぐに学校に行きなさい」などと、反対のことをいいます。

こんなときは、家族みんなで考えるのです。「みんなで話そう」といって口火を切るのはお父さんの役目です。**家族全員でテーブルのまわりに集まって、お茶でも飲みながら、まず当事者である子どもに自分のことを話してもらいます。わが子の話を聞きながら、お父さんやお母さんは自分の想いをゆっくりと**

間をおいて伝えます。「学校に行かないとろくなことにならない」というような感情論ではなくて、自分の思っていることだけをポンポンとテーブルの上に置いていく作業です。その想いに対して意見を述べたり、売り言葉に買い言葉のようないい争いは絶対にしないこと。いろいろな想いがテーブルの上いっぱいになっていく間に、子どもは多様に物事を考えられるようになります。

一日で解決しようと考えないで、子どもがわかるまでじっくりと話し合う時間をつくってください。毎日夕食後の夜九時ごろから夜中までみんなで話していたら、ほとんどの子どもは音をあげて、「やっぱり学校に行く」といって折れます。これが教育です。

夜の街で会った子どもたちは、私からなにをいわれるのだろうと考え、警戒します。だからこそ、「いいんだよ」というのです。その瞬間に子どもたちは拍子抜けして「なんだ、この人は」と思います。そこで、「どうした？　なんでこんなところにいるんだ。寂しいのかい」と聞く。

子育ても教育も、意外性が大事です。予想通りの言葉や想像がつくことをいわれても、子どもたちの心には響きません。

不登校や非行に入っていくときはあるパターンがあります。そのパターンを当事者である親たちが壊すのはなかなか難しい。だからこそ、親たちも学ばなければいけないのです。子どもに素直に聞いてもいいんです、「お父さんのどこが悪かった？　お母さんのどこが悪かった？　教えて」と。

46 家の中をきれいに片づける

乱雑な部屋は秩序をなくす

教員時代は当然のことですが、今でも問題を起こした子どもたちのところへ家庭訪問をすることがあります。

この子どもたちの家庭に共通しているのは、家の中がものすごく乱雑だということです。部屋の中はほこりっぽくて、いたるところにゴミの山があり、流しを見れば汚れた食器や食べ終わったカップ麺《めん》の容器が放置されたままです。

この乱雑さは子どもたちの心に秩序をなくします。いい加減な子どもに育ってしまいます。

親も子どもも、家の中は家族みんなで整えるという習慣をぜひ身につけてください。子どもの生活態度が荒れてきたり、問題を起こしたりするときはわか

ります。身のまわりのことに気を配るゆとりがなくなっていますから、自分の部屋の中も乱雑でごちゃごちゃになります。
子どもが問題を起こしたときは、チャンスです。子どもたちの部屋にあるゲーム機やソフト、雑誌などは捨てて、きれいに掃除するのです。さっぱりと整えられた家で再スタートを切りましょう。

47 子どもがしたことの責任は、必ず親が取る

親は一生の仕事

子どもが問題を起こしたら、当然、子どもは償わなければいけません。

でも、子どものすべての責任は親にあります。厳《きび》しいいい方ですが、**子どもが罪を犯《おか》したら、その責任は親が取らなくてはいけません。責任とは、親が自分の問題に気づき、改め、子どもに寄り添うことです。**

「子は親の鏡」という言葉があるように、子どもが問題を起こすのは親に問題があるからです。これがわからないと、子どもの問題の解決にはつながりません。

父親や母親という営《いとな》みは、一度就《つ》いたら逃げることのできない一生の仕事です。この仕事だけは、失敗が許されません。子どもという自分の血がつながった、新たな命を育てているのですから。

親には、これをきちっとわかってほしいのです。

48 閉じこもらず、家族で自然の中へ

家庭が復活する

子どもの問題で悩んで苦しくなったら、家族みんなで外に出てください。絶対に、家の中に閉じこもらないでください。

人は問題や事件を起こしてしまうと、どうしても内へ内へと閉じこもりたくなります。その心理を逆手に取って、外へ出るのです。**休みの日に家族みんなで自然の中に身を置きましょう。近くの山や運動公園などに行って、疲れ果てるまでウォーキングをしてみてください。これで子どもたちは変わります。**

北海道のある高校では、新入生は秋になると家族といっしょに一晩中歩く行事があります。最初、子どもたちの多くは「なんでこんなことをしなければな

らないのか」と文句をいいます。親たちも不平不満をいいます。でも、一晩歩き通して朝になったときに、子どもも親もみんないい顔になっています。これで家族関係が復活するケースもたくさんあります。

私たちは自然の中で生かされています。だから、自然の中にいるだけで心に響いてくるものがあり、本当の癒《いや》しを感じることができます。このゆとりがほしいのです。親ならちょっと工夫して、この時間をつくり出してくれませんか。

49 どんなことがあっても、わが子は許す

子の罪は親の罪

わが子が泣くということは、親の責任です。ましてや、わが子が犯罪に手を染めたり、問題を起こすということは、親の罪です。

子どもを授かったら、親という仕事からは逃れられません。親としての人生を生き抜く覚悟が必要です。これは絶対に忘れてほしくありません。

そして、子どもは許してください。**親ならば決してわが子を見放したり、見捨てたりしないでください。**

なぜなら、どんな問題をかかえていても、たとえ事件を起こしてしまっても、

わが子はわが子だからです。死が分かち合うまで、親子は一生深い絆《きずな》で結ばれているのです。

50 親は待つ勇気を持つ

新しいスタートのために

子どもたちは、自分の人生を必死に生きています。

私が子どもたちにいったことのない言葉は、「がんばれ」と「考えろ」です。子どもたちに対してこんなに失礼な言葉はありません。勉強している子も、夜遊びしている子も、リストカットをしている子も、それぞれになんとかガス抜きをしながら、がんばって生き抜いています。

「考えろ」というのはもっとひどい言葉で、「君は考えていない」ということの裏返しです。考えていない子なんていません。乏《とぼ》しい知識の中で一生懸命考えています。

だから、私は「がんばれ」「考えろ」はいいません。その代わり、そばにい

るのです。いい出会いやたくさんの美しいものが与えられれば、子どもたちは自然と成長していきます。それを与えて、待つのです。

たとえば、一五歳で夜遊びを始めた子には、それまでの一五年の人生があります。一四歳で不登校になった子には、一四年間の人生の積み重ねがあります。それを一日や二日では変えられるはずがありません。

子育てに失敗したなと思ったら、そこを〇《ゼロ》歳として再スタートし、一四歳の子なら二八歳まで、もう一回一からやり直すのです。それが本来のあるべき子育ての姿です。実際にはそんなに長い時間がかからずに、子どもたちはちゃんと変わります。

人生は長いのです。七〇年、八〇年、九〇年の人生の中で、たかだか三年や四年のつまずきを惜しむあまり、子どもたちを追いつめて、もっとひどい状況にしてはいけません。**子どもを許して信じる。そしてきちっと待っていれば、子どもは必ず親に向き合ってくれます。**

待てる親は最高の親です。子どもたちを待つ勇気とゆとりを持ってください。

おわりに

今から一九年前に、私は横浜にある生徒数八〇〇名の全国最大の夜間定時制高校に勤務しました。当時の夜間定時制高校はめちゃくちゃに荒れていました。そこで、教室に寄りつかない、あるいは授業を妨害する子どもたちとなんとか人間関係をつくりたいと考えて始めたのが夜回りです。

以来、日本中の夜の街を週末になれば歩き回り、私は「夜眠らない子どもたち」と呼んでいますが、夜の街で非行犯罪を繰り返すたくさんの子どもたちと生き合ってきました。

さらに、九年ほど前には一人のリストカットをする高校生と知り合いました。そしてリストカットやうつ病といった、心の病《やまい》に取り組み始めました。

そのとき、愕然《がくぜん》としました。私が夜眠らない子どもたちと生き合っているその同じ時間に、暗い夜の部屋で明日を見失い、自らを傷つけ、死へと向かう子どもたちがたくさん存在することに気づいたからです。私は彼らを「夜眠れない子どもたち」と呼んでいます。

六年半ほど前に、私個人のメールアドレスや自宅の電話番号を公開し、彼らとの命の電話相談に応じてきました。この間に一万人を超える夜眠らない子どもたち、二〇万人を超える夜眠れない子どもたちと生き合ってきたのです。

そんな中で、思うことがあります。どの子どもたちも幼いころ、小学生、中学生、高校生のころに、きちっと子育てをされていたらこんなことにはなっていなかったのではないか。子どもたちとかかわるにつれて、家庭の子育ての大切さ、学校での子どもたちへの触れ合いの大切さを切実に実感しました。

考えてみてください。赤ちゃんが生まれてきたときに、「将来、親を泣かしてやれ」「人をいじめてやれ」「人を傷つけてやれ、殺してやれ」、あるいは「将来、体を売ってやれ」「薬物を使ってやれ」「リストカットしてやれ」「死んでやれ」なんて考えて生まれてきますか。そんな赤ちゃんはただの一人もいない。どの子もきらきらと目を輝かせながら、「父さん、母さん、大人たち、生まれてきたよ。幸せにしてね」と真っ白な心で生まれてきたはずです。

その子どもたちを汚し、そして夜の世界に追いこんだり、自ら命を絶つようなところまで追いこんでいるのは、いったい誰なのでしょうか。

それは、私たち大人、私たち社会の在り方にあると思っています。

多くのお父さんとお母さん方が、あるいは先生方が、この本を読んで子どもたちに優しくなってくれることを祈っています。

著者略歴

水谷　修（みずたに・おさむ）

一九五六年、神奈川県横浜市に生まれる。上智大学文学部哲学科を卒業。一九八三年に横浜市立高校教諭となるが、二〇〇四年九月に辞職。在職中から継続して現在も、子どもたちの非行防止や薬物汚染の拡大防止のために「夜回り」と呼ばれる深夜パトロールをおこない、メールや電話による相談や、講演活動で全国を駆けまわっている。

主な著書には『夜回り先生』『夜回り先生と夜眠れない子どもたち』（以上、小学館文庫）、『増補版さらば、哀しみのドラッグ』（高文研）、『夜回り先生の卒業証書』『夜回り先生　こころの授業』『あおぞらの星』『あおぞらの星2』『いいんだよ』『夜回り先生からのこころの手紙』（以上、日本評論社）『だいじょうぶ』（共著、日本評論社）『手放してみる　ゆだねてみる』（同）などがある。

＊本書に掲載した著者以外の人物、建物、風景の写真は、内容とは一切関係ありません。

夜回り先生50のアドバイス

子育てのツボ

二〇一〇年一一月一五日　第一版第一刷発行
二〇一〇年一二月一五日　第一版第二刷発行

著者……水谷　修
発行者……黒田敏正
発行所……株式会社 日本評論社
一七〇―八四七四　東京都豊島区南大塚三―一二―四
電話……〇三―三九八七―八六二一（販売）
FAX……〇三―三九八七―八五九〇（販売）
振替　00100―3―16　http://www.nippyo.co.jp/
写真……疋田千里
造本……桂川　潤
印刷所……精興社
製本所……難波製本

ISBN978-4-535-58588-1